Für: ______________________________

Von: ______________________________

Made in the USA
Monee, IL
10 January 2022

88614330R00069